Hipnosia

hipnotizatzen ikastea
urratsez urrats

Arnold Buzdygan

arnold@buzdygan.com

EDUKIEN TAULA

Hipnosiaren definizioa.

Ikertzaile askok hipnosiari buruz hitz egin dute, teoria, hipotesi eta definizio ugari garatu dira, baina horietako bat ere ez dute mediku guztiek onartzen. Beraz, egoera hipnosian gertatzen diren fenomenoak kontzientziaren beste egoeretan ere gertatzen direnaren emaitza da, beraz, ez dago fenomenoaren agerpena bermatuko lukeen determinatzaile fisiologiko anbiguorik . Zientzialari gehienek hipnosiaren termino hau hartzen dute :

"Hipnosia beste pertsona batek eragin dezakeen edo berez ager daitekeen subjektu baten arreta aldatutako egoera da, eta bertan subjektuaren erantzun desberdinak gerta daitezke bai espontaneoki bai estimulu desberdinei erantzunez".

Gaur egun, espezialista askok uste dute hipnosia kontzientziaren egoera autonomoetako bat dela (esna eta lo egoerarekin batera gertatzen da) eta edozein gizakitan baldintza egokietan gerta daitekeela, esate baterako, loa momentu desegokienean gerta daiteke muturreko nekearen eraginez. .

Hipnosiaren epe hori hartzeak asko erraztu zuen haren inguruko ikerketa , "demonizatu" egin zuelako. Hipnotizatzaile ezberdinek, nahiz eta teknika berdinak erabiliz, efektu desberdinak lortu zituzten auto-hipnotizatutako pertsona horiengan ulertzeko aukera eman zigun . Baina horri buruz gehiago idatziko dut beste kapitulu batean.

Mitoak eta ideia okerrak eta errealitatea.

1. mitoa - Gezurra

Hipnosia parapsikologiaren zerbait da, baieztapen zientifikorik ez duen naturaz gaindiko fenomenoa.

Egia: Hipnosia zientifikoki egiaztatu da eta medikuntzan, zientzietan eta polizia lanetan ere erabiltzen da.

2. mitoa - Gezurra

Hipnotizatzailea naturaz gaindiko ahalmenaz hornitutako pertsona da.

Egia: apur bat inteligentea den edozein hipnotizatzaile bihur daiteke. Wolberg- ek bere liburu batean, film bat ikusiz hipnosia ikasi zuen eta haur hezkuntzako bere ikaskideekin arrakastaz probatu zuen urte batzuetako neskatoaren adibidea deskribatzen du . Hala ere, mito honen ospea dela eta, baliagarria izan daiteke norberaren inguruan misterio aura sortzea, pertsona batzuk transfusionatzeko lana errazteko.

3. mitoa - Gezurra

Zure nahiaren aurka hipnotizatu zaitezke.

Egia: hipnotizatuta dagoela konturatzen den edonork aurka egin dezake arazo handirik gabe . Hala ere, hipnosia egin dioten pertsona bat hipnotizatuta egon daiteke, baina hemen ezin da esan bere borondatearen aurka zegoenik. Gainera, gertaera hori oso egoera gutxitan gerta daiteke. Horietako gout bada geroago azalduko dut kapitulu batean.

4. mitoa - Gezurra

Hipnotizatutako pertsonak hipnotizatzailearen agindu guztiak jarraituko ditu.

Egia: Pertsona hipnotizatuak, trantzerik sakonenean ere, inkontzienteki kontrolatzen du egoera eta ez ditu beretzat arriskutsuak diren edo bere estandarrekin gatazkatsuak diren aginduak jarraituko .

5. mitoa - Gezurra.

Hipnotizatutako pertsonak gizakiaz gaindiko ahalmenak ditu.

Egia: Izan ere, gorputzeko aukera eta erreserba ezkutuen (burukoa, intelektuala eta fisikoa) ahalik eta gehien aprobetxatu besterik ez dago, eta horrek hipnotizatutakoek gizakiaren gaineko indarra dutela ematen du.

Antzeko fenomenoa gertatzen da oso estresarekin, adibidez, txakurrarengandik ihes egiten duen gizon batek bere buruarentzat ezinezkoa dirudien abiadura garatzen du.

Mitoa 6. - Gezurra duzu

Pertsona "ahulak" hipnotizatuta daude eta nortasun "sendoak" erresistenteak dira.

Egia: Aitzitik. Pertsonalitate sendo eta orekatuak irekiagoak dira eta ez dute hipnosiaren beldurrik. Pertsonalitate "ahulak" zailagoak izaten dira, mehatxatuak sentitzen direlako.

7. mitoa - Bizirik faltsua

Posible da trantze hipnotikotik ez ateratzea

Egia: trantzetik irtetea hipnotizatzea baino errazagoa da. Hipnotizatutako pertsonak trantzetik irteteko aginduei erantzuten ez bazien ere, bakarrik geratzean lokartu eta hipnosia egoerarik gabe esnatuko zen .

Hipnosiaren kaltegarritasuna.

Orain arte egindako ikerketek ez dute hipnosiaren kalterik erakutsi . Hori gizakiaren esparru fisikoari eta espiritualari dagokie. Fenomenoa bera erabat naturala eta kaltegabea da, pertsonen arteko beste edozein harreman baino gehiago eta ez hain kaltegarria baita. (Pertsonen arteko harremanak pertsonen arteko ageriko, hitzezko, inkontziente, fisiko eta buruko harreman guztiak bezala ulertzen dira).

Beraz , norbaiti min egin diezaiokezu , baina arrisku bera duzu giza harreman normaletan. Beste behin adierazi nahi nuke h eta nnosiaren egoera bera ez dela kaltegarria eta hipnotizatzailearen iradokizunak soilik izan daitezke kaltegarriak, adibidez estresa eragiten duten ezusteko elkarteen bidez .

Era berean, gaizki erabilitako komandoek kalteak sor ditzakete, adibidez, minarekiko sentikortasun eza erakusten duenean, ezin duzu esan: "Ez duzu eskua sentitzen, ez duzu mina sentitzen ...", alderantzizko erreakzioa sor dezakeelako eta mina organikoa edo esku leherketa adore bat sor dezakeelako . minarekiko sentikortasunik eza lortzeko, ondoren, "... orain momentu batean ez zaituztet sentituko sentitzen dut ukitzen zaitudanean, momentu batean ez dituzu sentsazio desatseginak sentituko ...".

Era berean, ez zenuke pertsona bera maiz erabili behar frogatzeko hipnosiaren saioetarako, trantze bortitzak ere estresa eragiten baitu.

Hipnosiaren aurrean sentikortasuna.

Hipnosiaren aurrean sentikortasuna trantze hipnotikoan sartzeko gaitasuna da.

Hipnotizatzaileek uste dute populazioaren gehiengo zabalean hipnosia sor dezakezula . Hipnotizatutako pertsonaren egoera emozionalaren eta beste faktore askoren araberakoa da batez ere. Askotan pertsona bera trance sakonean sartuko da behin , eta beste batzuetan sakonera txikikoa edo batere ez.

Kontrakoa ere gertatzen da. Arlo honetan zailtasunak izan dituen pertsona bat kentzen da bat-batean. Bide batez, nabarmentzekoa da hipnotizatuta dauden pertsonek nolabait "ikasten" dutela trantzean sartzen eta errazagoa dela aldi bakoitzean. Jakina, hori ez da araua.

Hipnotizatzaile batek (Kratochvil) dioenez, biztanleriaren% 5 inguruk hipnosiarekiko sentikortasunik ez duela erabat (ez da behin betiko esan nahi). Pertsonen% 25 inguru trantzerik sakonenean jar daiteke, eta gainerakoak hipnosiaren tarteko egoera desberdinetara iristen dira.

Hipnotizatzaile batzuek y emaitza hobeak lortzen dituzte,

hipnotizatuenganako hurbilketa hobearen emaitza izan daitezke eta, agian, hipnotizazioaren lekuak zeresan handia du bertan.

Adibidez, Bernheim-ek dio ospitale batean bere gaixoen% 80 hipnotizatuta zeudela, eta pribatuan hipnotizatutakoen % 20.

Hipnosiaren aurrean sentikortasuna genero, hezkuntza eta adimenarekiko independentea da.

Hala ere, hauen araberakoa da:

-adina - 5 eta 17 urte bitartekoak, beste adin talde batzuk baino apur bat handiagoak

-hipnotizatzailearen eta hipnotizatuaren arteko erlazioak (aurreiritziek eta imosiak pronostiko txarra dute)

-hipnotizatzailearen irudiak hipnosiak eta hipnotizatzaileak nolakoak izan beharko luketen jakiteko.

Aipatzekoa da somnambulikoak diren pertsonak (sakon lo egiten dutenak, esnatzean esnatzetik bereizteko zailtasunak dituztenak) oso hipnotikoak direla eta trantsizio sakonean erraz sartzen direla.

Trantzearen sakonera.

Prestakuntzaren sakontasuna hipnotizatutako pertsonak zailtasun mailaren arabera iradokizunak hierarkizatzeko gaitasuna dela ulertzen da. Horrek esan nahi du hipnotizatutako pertsonak zenbat eta agindu zailagoak jarraitu orduan eta sakonera handiagoa duela trantzeak. Gainera, trantzearen sakonera zehazteak hipnotizatzaileari iradokizunak egoki aukeratzen laguntzen dio , ezartzeko oso zailak izan ez daitezen. Trantze sakonerako bi eskala erabili ohi dira.

Davis eta Senarraren puntuazio mahaia

Taula honetan trance bat zein hipnotizatuta dagoen azaltzen da bere erreakzioak behatuz . Horrez gain, proben emaitzen nolabaiteko estandarizazioa ere ahalbidetzen du, eskala deskriptiboa baino zehatzagoa baita. Beraz , esperimentu bat egin daiteke eta ondorioztatu A pertsona, 10. fasean hipnotizatuta zegoela, hau eta bestea egin zuela eta B pertsonak ez. Horri esker, esperientziak konparatu eta egiaztatu ditzakezu (*beste esperimentu batzuk eginez haien egiazkotasuna baieztatu edo ukatu*).

Sakonera Kalitate Sintomak

	0	erresistentea
H ipnoid	3	erlaxazio argia
	4	betazalen astindua
	5	gorputz osoko erlaxazioa
Trans	6	arineko katalepsia okularra
	7	gorputz-adarren katalepsia
	10	katalepsia zurrun
	11	argi anestesia
Hipnosiaren pean dauden gertaeren trans		
	13	batez besteko amnesia partziala
	17	nortasun aldaketa
Hipnotikoaren osteko	18	iradokizun sinple
	20	ilusio kinestesiko
Trantze sakona	21	begi trantzean irekitzea
	26	iradokizun hipnotiko osteko zailak
Entzunezko	27	haluzinazio positibo
Entzumenezko	29	haluzinazio negatiboak
	30	ikusizko haluzinazio eta negatiboak

Eskala deskriptiboa.

Forelen arabera, hipnosia hiru etapa nagusitan banatzen dugu:

-argia (somnolentzia edo logura - nekea eta erlaxazioa du ezaugarri.

-erdi (hipotetikoa, hau da, lo arina) - hipnotizatuak ezin ditu begiak ireki, baina ez du memoria galtzen.

- sakona (somnambulismoa, hau da, lo sakona) - hipnotizatuta dagoenean, begiak ireki, hitz egin eta trantzean ibil daiteke.

Iradokizunetarako sentikortasuna lortzeko probak.

Erabilgarriak dira aztergaia hipnotikoa den jakiteko. Hala ere, ez da beti erraza iradokitzailea den jendea hipnotizatzea. Hala ere, ezin da ukatu erraz iradokitzen diren pertsonak hipnosiaren kutsu handiagoa dutenik. Arazoaren aurkezpen errazagoa lortzeko , gehienetan ezagunak diren metodoak aipatuko ditut.

Eskuz estututako proba.

Hipnotizatzaileek gehien erabiltzen duten metodoa da, bere sinpletasunagatik eta taldean aplikatzeko aukera dagoelako. Probako pertsona eroso esertzen da begiak itxita. Eskutik datozen inpresioetan kontzentratzea gomendatzen diogu. Eskua aulkiaren atzealdean estutzeko esan eta gero eskua gainean estutzen duen morroiaren masailezurra dela iradokitzen diogu , gero eta estuago. Ondoren, masailezur hauek saiatu arren ireki ez daitezen iradokitzen da . Ondoren, gertutik behatuko dugu gaiak eskua irekitzeko arazoak dituen edo ez. Zenbat eta norbaitek eskua estutu, orduan eta sentikorragoak dira iradokizunak.

Esku arinen proba.

Proba honetan, azterketako pertsona atarian dago, eskua barruko atea
ateko markoen gainean pausatuta. Begiak itxita ditu. Eskuekin
fotogramak minutu batez gutxi gorabehera sakatzen uzten diogu. Une
honetan, eskuak oso arinak dituela esango diogu, berez igotzen direnak .
Gero urrats bat aurrera egiten du. Esku horiek zenbateraino igotzen diren
behatzen dugu . Zenbat eta altuagoa izan, orduan eta sentikorragoa da
iradokizuna. Proba honek interpretazio arriskua du, izan ere, eskuak
altxatzea, neurri batean, muskuluen presio lasaigarria da. Abantaila handi
bat ere badu: hipnosiaren boterearekiko fedea indartzen du hipnosia hasi
aurretik.

Erortzen ari den txanpon proba.

Probako pertsonak txanpon bat jartzen du esku luzatuaren gainean.
Begiak itxi beharko ditugu. Eskua poliki-poliki jiratzea eta txanponak
irristatzea proposatzen dugu: "Mone ta zure esku dago . Zure eskua
berdina den bitartean, txanponak etengabe atseden hartzen du. Baina bat-
batean poliki-poliki biratzen hasten da eta txanpona eskuaren aldetik
irristatzen da. Eskua biratu eta txanpona barrutik irristatzen da. Ni hori
erortzen utzi zuen ... ". Testu hau hainbat aldiz errepikatzen da.
Zerratutako probak txanponak eskuarekin irristatzen duela ematen badu
alderantzizko noranzkoan erreakzionatzen du. Norbaitek horrelako
erreakzioak baldin baditu, hau da, oso iradokitzailea da. jendeak
orokorrean ez dio proba honi erantzuten.

Trantzera sartzeko teknika.

Hasierako elkarrizketa .

Hipnotizazioaren bide zuzena honako hau izan behar da:

- Aurretiazko elkarrizketa

- Posa hipnotizatua

- Trantzean jartzen zaitu

- Trantzean sakontzea

- Trantzetik ateratzea

Sarrerako elkarrizketa hipnosiaren etapa oso garrantzitsua da, eta horretaz gain, oso maiz ahazten da (gehienetan, hipnotizatzailearen nagikeria eta bere buruaren gehiegizko fedea direla eta). Sarrerako elkarrizketari esker, hipnotizatzaileak hipnotizatutako pertsonak hipnosiari buruz dituen ideien ideia bat egin daiteke. Ezagutza horri esker, hipnotizatzaileak horrelako pertsona bati aurre egiteko modurik onena har dezake.

Hasierako elkarrizketan honako hau egin beharko zenuke:

- hipnotizatutako pertsonarengandik jakin zer pentsatzen duen eta zer dakien hipnosiari buruz.

Hipnosia misteriotsutzat jotzen baduzu, ez zenuke beti azaldu behar zer den, sinesmen horrek hipnosian sartzea erraztu dezakeelako.

- hipnotizatutako pertsonaren beldur posibleak gainditu.

Gehienetan, jendeak bere trantzetik ez ateratzeko beldurra du. Orduan azaldu behar diezu ez dela posible, hipnotizatutako pertsona bere kabuz lokartzen delako eta orduan esnatzea besterik ez da.

- zer teknika eta ikuspegi aukeratu.

Hipnotizatutako pertsona antolatzea .

Hipnotizatutako pertsonak gezurra edo eserita egon daiteke. Garrantzitsua da berarentzat eroso dagoen postu batean egotea.

Eserita egotean, hipnotizatzeko modurik onena albo batera zertxobait okertuta eserita egotea da, gorputzaren aldea alboko euskarrira makurtuz. Burua buruko euskarrian pausatzen da, eta eskuak libreki aulkiaren bizkarraldean. Hankak tente egon behar dute eta pouf baxu baten gainean edo antzeko zerbait egon behar dute .

Kasu honetan, hipnotizatzailea besaulkiaren ondoan esertzen da, hipnotizatzailea makurtzen ari denaren kontrako aldean.

Goranzko posizioan, onena da hipnotizatua bizkarrean etzanda dagoenean, burua burko txiki baten gainean altxatuta eta besoak ukondoetan tolestuta daudenean. The itzulian kanpoan egon beharko luke gorputza eta eskuetan egongo da ukituko luke. Horrela, eskuek triangelu bat osatzen dute gorputzaren marrarekin.

Kontuan izan behar da etzanda dagoen pertsona batek askotan menpekotasun edo sexu lotura sentimendua sortzen duela - horrek hipnotizazio prozesua erraztu edo trabatu dezake . Hasierako elkarrizketan, sentimendu horiek ezabatu behar diren edo behar bezala erabili behar diren sumatzea komeni da.

Hipnotizatuenganako hurbilketa.

Hipnotizatutakoen ikuspegi zuzena bataila erdia da. Izan ere, oinarrizko hiru ikuspegi daude, eta horien arabera hainbat aldaketa egiten dira. Hemen dituzu:

- menderatzailea - hipnotizatzailea autoritatea da, eztabaidagai ez diren aginduak ematen ditu.

Hipnotizatutako pertsonak aitaren irudiarekin identifikatzen du. Metodo hau hip notisers- ek erabiltzen du gehien.

- emozionala-amakoa - hipnotizatzaileak oso harreman estua eta beroa sortzen du hipnotizatuarekin. Hipnotizatzailea gaitaren irudiarekin identifikatzen da .

- pasiboa - hipnotizatzaileak hipnotizatutako pertsona bere burua zuzentzen eta trantzean sartzen ari dela ematen du. Metodo hau jendearekiko mesfidantza duen eta bere burua bakarrik onartzen duen pertsona hipnotizatu batekin ari garenean erabiltzen da.

Aukeratzeko zein modu hipnotizatutako pertsonaiaren izaera motaren eta egungo umore egoaren araberakoa da.

Horregatik, sarrera-elkarrizketa oso garrantzitsua da, pertsona baten izaera, uneko ongizatea eta umorea ezagutu ahal izateko.

Hipnotizatutako pertsonaren ikuspegi okerra aukeratzeak erabat eragotzi dezake trantzean sartzea.

Teknika motak.

Hipnotizatzaileak bezain beste teknika hipnotizatzaile daude, bakoitzak bere teknikak garatzen dituelako.

Liburu honetan, teknika klasiko batzuk aurkeztuko ditut, bakoitzak bere teknikak garatzea ahalbidetuko dutenak.

Hipnotizazioan lo egiteko analogia erabiltzen da gehienetan, bi arrazoirengatik. Lehenik eta behin, trantzean lo egitearen oso antzekoa da eta, bigarrena, jendeak erraz lotzen ditu loaren sentsazioak erlaxazioarekin. Lo egiteko analogiak erabiliz hipnotizatzean , entzumen, ikusmen eta ukimen estimulu monotonoak erabiltzen dira hipnotizatuengan logura eragiteko eta, horrela, bere gorputza hipnotizatzailearen bertutearen menpe dagoela sinetsarazteko .

Hauek dira gehien erabiltzen diren teknikak:

- Bernheim

- Eskuko lebitazioa

- Ikusmenaren finkapena

- Estradowa

- Bernheimen teknikan

Betazalak astunak dira, logaleak eta ezin dituzte begiak ireki. Hori lortuz gero, besoaren pisuaz sinesten dugu geure burua, hankak eta gorputz osoa. Ez dugu ahazten lotan, sumisioaz eta bakeaz hitz egitea uneoro. Gure iradokizunak ahots monotono eta lasai batekin ematen ditugu, hipnotizatutako pertsonaren logura areagotzeko. Ahalegintzen garen helburua hipnotizatutako pertsonaren arreta menperatzea da .

- Eskuko lebitazioaren teknikan

Hipnotizatutakoei eskutik datozen inpresioetan kontzentratzeko agindu diegu . Ondoren esku hau objektu batekin astiro ukitzen dugu, hipnotizatutako pertsonak hobeto kontzentratu ahal izateko. Muskuluen erlaxazioa (hipnotizatutako pertsonak hala egin badezake), inertzia eta berotasuna proposatzen dugu hanketan eta eskuetan. Ondoren , eskua altxatzeko eta aurpegira edo gorputzeko beste atal batera apuntatzeko proposamenak egiten ditugu. Pixkanakako mugimendu horretan, indartzeko iradokizunak ematen ditugu, adibidez "... zure eskuak aurpegia ukitzen duenean , dagoeneko lotan egongo zara ..." etab.

Metodo honen abantaila da hipnotizatuak nola erreakzionatzen duen azkar erreakzionatzen duzula, bere erreakzioaren abiadurara egokitzeko.

- Begiak finkatzeko teknikan

Hipnotizatutako pertsonak denbora luzez begiratzen dio ego

hipnotizatuaren begietatik 30 cm ingurura dagoen objektu bati . Hau da hipnotizazio teknikarik ospetsuena eta sarri erabiltzen da.

Gure helburua nekea eta logura eragitea da, begi nekatuak bere burua itxi eta hipnotizatuak beste pentsamendu batzuetatik aldentzea ekidin dezan. Finkatzeko objektuari begirada hipnotizatua dagoen bitartean , begiak erretzeari, logura eta betazalen astuntasunari buruzko iradokizunak egiten ditugu. Pertsonalizatutako pertsonak begiak ixten baditu, Bernheimen teknikan bezala jarraituko dugu .

- Etapa teknika

Oso tek h dinamikoa da . Hipnotizatzailearen autoritatea eta hipnotizatzailearen nahia inkontzientea erabiltzen ditu beste pertsonak hunkitzeko. Hipnotizatzailearen portaerak ahalmena eta erabateko konfiantza izan behar du, bere iradokizunak berehala jarrai daitezen . Lehen iradokizunen exekuzio azkarra oso garrantzitsua da, hipnotizatzaileak hipnotizatzailearen trebetasunetan duen fedea indartzen baitu. Hipnosiarekin lotutako mitoak ahalik eta gehien aprobetxatzen dituen teknika da .

Jarraian, banakako teknikak ezartzeko aurkezpen zehatza eta metodoak aurkituko dituzu .

Dragatze indukzioa.

Pertsona hipnotizatua trantze arinera iristen denean hasten da, eta trantze ertainetik sakona eragitea da helburua. Hau da lanik zailena, izan ere, gogoratzen dugunez, ez gara gai guztientzako batez besteko trantzea eragiteko eta are jende gutxiago iristen da egoera sakonera. Gogoratu behar da etapa hipnosian bakarrik beharrezkoa dela ego egoera sakona lortzeko . Beste kasu batzuetan, guk jarritako helburu batzuk lortzeko (adibidez, atzerriko hizkuntzak ikastea, ohitura txarrak gainditzea, etab.), Trantze maila ertaina edo are arina nahikoa da.

Trantzean gero eta zailagoak diren iradokizunak eginez sakontzen da. Aldi berean, etengabe inplikatuta dago jarduera jakin bat egiteak trantzean sakontzen duela.

Erdialdean zehar, jarduera hauek egin daitezke:

inolako sentsaziorik, minik eta abar sentitzen ez baduzu, horri anestesia deritzo. (Interesgarria da, anestesia trantze arinean lor daiteke, jende askok ez baitu ideiarik ere).

- Hipnosiaren garaian eta ondorengo memoria (hipnosia posthipnotikoa) galtzea hipnosian zehar gertatutakoari buruz.

- "denboran atzera egitea", adibidez, haurtzaroko gertaeretara itzultzea.

-iradokizun irrealak ematea, adibidez airean flotatzeko ilusioa sortzea, igeri egitea eta beste leku batzuetan egotea.

- hipnotizazio ondoko iradokizunak ematea. Zoritxarrez, trantzetik irten eta gero egiaztatu beharrekoa. Hipnosiaren batez besteko maila lortzen dugunean , hipnotizatutako pertsonak begiak ireki eta ibili ditzakeen probatzeko tentazioa izan dezakegu. Oso kontu handiz egin behar da iradokizun zailegiekin auto-hipnotizatzeko ez egiteko. Hipnotizatutako pertsonak egin badezake, esan nahi dugu dagoeneko maila sakonera iritsi garela eta edozein iradokizun zail gauzatzeko eska dezakegula.

Hipnotizazio ondoko iradokizunak.

Norbaitek hipnosia jasan zuenaren frogarik onena dira . Aldi berean, horiek ez egiteak ez du esan nahi bertan egon ez zinenik.

Hipnotikoaren osteko iradokizuna trantzetik atera ondoren edozein ekintza burutzeko agindua da . Ekintza hau adostutako seinale baten bidez egiten da. Seinale hori, agindua bezala, gizakiaren inkontzientean dago.

Hori dela eta, komando absurdu bat ere exekutatu ondoren, adibidez leiho bat ireki eta itxi , arrazoi arrazionalekin azaltzen da.

Hipnotizazio ondoko iradokizunak trantze ertain edo sakonean egiten dira. Maiz erabiltzen den komandoa hipnotizatu denari zenbakiren bat txalotzea ahazteko esatea da. Txaloak egin ondoren , eskatu hogeita hamarreko atzerako kontaketa. Agindua exekutatzen bada, hipnotizatua izan den pertsonak emandako zenbakia "jauzi" egiten du edo gutxienez berarekin gelditzen da.

Ziurtatu komandoa exekutagarria dela. Bestela, neurosia gerta daiteke .

Trantzetik ateratzea.

Trantze osoko gauzarik errazena da. Metodo ohikoena bost edo gaur egunerako atzerako kontaketa motela da .

Atzerako kontuaren metodoaren abantaila nagusia eraginkortasuna eta ibilbide leuna da, hipnotizatutako organismoari denbora emanez .

Trantzetik irteera hasten dugu zenbakiari bost (edo hamar) gehitzen badizkiozu, trantzetik irtengo zarela iradokiz . Gero poliki-poliki zenbatzen dugu batetik bostera (edo hamarra). Normalean trantzetik irtetea 5 zenbakia (edo 10) aipatu bezain laster gertatzen da.

Gertatzen da hipnotizatuak ez duela trantzetik atera nahi, adibidez oso gustura sentitzen delako. Trantzetik ateratzen saiatu beharko zenuke berriro, eta honek funtzionatzen ez badu, utzi hipnotizatutako pertsona bakean, lo egiteko. Siesta labur bat egin ondoren, trantzetik kanpo esnatuko da.

Normalean, hipnotizatuek ez dute trantzearen ibilbidea gogoratzen, eta, beraz, benetan gertatu zela sinestea zaila egiten zaie. Pertsona hipnotizatuak trantzearen inguruko oroitzea nahi badugu, trantzearen ibilbidea gogoratzeko agindua hipnosian eman beharko litzateke .

Hori bereziki garrantzitsua da hipnosia ikasteko bide bat denean.

Askotan gertatzen da hipnotizatutako pertsona bakarrik ateratzea trantzetik. Hori gertatzen da iradokizuna jarraitzeko oso gogorra denean edo pertsonaren balio sistemarekin talka egiten duenean. Horrelako egoeretan, hipnotizatutako pertsonak gehienetan azken aginduak gogoratzen ditu. Gogoan izan hori etsaiak egin nahi ez badituzu .

Egoera hipnotikoa eragiteko tekniken adibideak .

Bernheim teknika

Kapitulu honetan trantzearen uhin forma hipotetikoak aurkeztuko ditut hainbat teknikatan. Parentesi biribilek (hau da hipnotizatutako pertsonaren portaerari buruzko informazioa) hipnotizatutako pertsonaren portaerari buruzko informazioa jasoko dute, iruzkina parentesi karratuen artean kokatuko da [hau da gertatzen ari naizenari buruzko nire iruzkina].

Hemendik aurrera sinpletasunagatik suposatuko dugu hipnotizatzailearen izena Adam dela [A laburdura:], eta hipnotizatzailearen izena Henry dela [H laburdura:].

H: Mesedez, etzan eroso . (Adam bizkarrean etzanda dago, burua altxatuta, burkoaren gainean pausatuta, besoek ukondoetan enborreko marrarekin triangelu bat osatzen dute. Bigarren burukoa du belaunen azpian, belaunak zertxobait altxatzen dituena) [posizio erosoena da eta ahal bada erabiltzea merezi du].

H : Orain etzanda zaude eta zure pentsamenduak askatasunez zirkulatzen ari dira. Lasai eta alferra zara. Zure pentsamenduak alferrak eta monotonoak dira. Bero eta eroso sentitzen zara. Betazalak astunak dira, gero eta gehiago pisatzen zaituzte .

Betazal astunak dituzu eta are astunagoak ... gero eta astunagoak ... Poliki-poliki begiak ixten dira, itxi egiten dira ... eta betazalak oso astunak dira ... oso-oso astunak ... (Adam begiak ixten ikusten dugunean) zure begiak itxi egiten dituzu , Zure begiak itxita.

[Hau da etaparik okerrena Henryren kasuan, Adamen alaitasuna kontrolatu behar baitu , bere ahotsaren gako antinatural batek eragiten baitu. Ez duzu barre algarak ere utzi beharrik. Bizpahiru algara lehertu ondoren, hipnotizatua "erretzen" da eta errazagoa da].

H: Eroso ari zara gezurretan, logura duzu, lo egin nahi duzu, lo egin nahi duzu, hainbeste aharrausi egingo duzun ... aharrausi egingo duzu .... Lasai arnasten duzu. Orain arnasa hartuko duzu nire aginduekin. Nire "ARNASA" hitzarekin arnasa sakon motel hartzen duzu eta birikak aireztatzen ditut "EXHALE" esan arte. Ondoren, arnasa luzea eta motela hartu eta "ARNASA sartu" esan arte itxaron beharko duzu.

Hasi gara. "ARNASA". (Adamek poliki hartzen du airea) Erreparatu arnas sentsazioei, pentsa ezazu zer sentitzen duzun. (Adamek arnasa botatzen du) lasai eta logura zara, nagia hartzen duzu arnasa. (Adam bota zuen) [Apnea eusten diogu denbora batez, baina ez da gehiegi haserretzeko. Hobe 3 edo 5 segundo]. (Adamek 5 sartu eta atera zuen arnasa).

H: Orain lasai eta pozik sentitzen zara, logura eta lasai zaude. Lo egin nahi duzu . Aspaldi ez zenuen orain bezain ondo sentitzen. Zure pentsamenduak noraezean dabiltza ... [hemen Adamentzat gertakari atseginak aurkezten dizkizuegu, sarrerako elkarrizketan aurkitu genituenak, adibidez azken oporretakoak]. Lo egin nahi al duzu? Eskuak astunak eta epelak sentitzen dituzu eta eskuetan kizkur sentsazio atsegina senti dezakezu . Eskuak astuntzen ari dira. Poliki lokartzen zara. Eskuak astuntzen zaizkizu eta lo gelditzen zara. Lo gelditzen zara, baina oraindik entzuten duzu nire ahotsa. Urrunetik iristen zaizu eta. Entzun eta lokartu egiten zara. Eta zure eskuak gero eta astunagoak dira. Zure eskua oso astuna da, ezin duzula apur bat altxatu ere egin. [Adani saiatu nahi izateko momentu bat ematen diogu, baina horretarako nahikoa denbora ez izateko.] Bai ... beraz ezin duzu jaso, dagoeneko trantzean zaude. Nire ahotsa entzuten duzu eta nire eskaerak onartzeko prest zaude . Oraindik zure eskuak astunak dira. Orain gorputz guztia ere astintzen ari da. Zure gorputz osoa sofan hondoratzen sentitzen duzu.

Sentsazio horretan kontzentratu. Dagoeneko lotan zaude nire ahotsa entzun dezakezun arren. Nire bakarrik. Ez zaizkizu beste ahotsak interesatzen . Haietaz ahazten zara.

Bakarrik entzuten nauzu, ni. Lo egiten ari zara .... Orain itsasoaren hotsa entzuten duzu. Olatuen soinua eta nire ahotsa. Olatuen soinua eta nire ahotsa. Olatuen hotsa. Zure gorputza argia da, argia zara, haizean flotatzen ari zara. Hondartzaren gainean flotatzen ari zara poliki-poliki. Zaude airean. Hosto bat izango bazina bezala aurrera eta aurrera mugitzen zara eta flotatzen jarraitzen duzu. Egokitzen zaizun altuerara igotzen zara. Airean ahoz behera zintzilikatzen zara eta eguzkia goian ari da bizkarra berotzen. Haizetan flotatzen ari zara eta jendea ondo pasatzen jarraitzen duzu. Luma bezala arina zara eta airean nahi duzun moduan mugitzen zara. Pozez eta pozez betetzen zara. Lo egin arren, hitz egin dezakezu. Hitz egin dezakezu. Esaidazu non zauden. [Adamek hitz egingo ez balu, denbora pixka bat igaro ondoren saiatu eta alde egin beharko duzu].

A: Hondartzaren gainean airean etzanda nago.

H: Ona. Eguraldi ona egiten du, eguzkia distiratsu dago, baina arratsaldean bezain leun . Etzan eta olatuen hotsa entzuten duzu. Norbait zure ondoan zerbait esaten ari da. Entzuten al diozu? Zer esaten ari da.

[Momentu honetan, Adamek ezer entzun ez balu, merezi du hitzordu bat emateak ilunabarrean zerbait lasai esango lukeena. Horrek Adanen konbentzimendua indartu eta bideratuko luke.]

A: Bai. Soineko batzuei buruz esaten dute ...

H: Ona. Eta ez al duzu ilunabarrari begiratu nahi ? Laster gertatuko da. Loak izan arren, zure gorputza lumak bezain arina da. Eseri eta ilunabarrean haizetakoaren gainetik begiratzen duzu. (Adam eseri da baina begiak itxita ditu). Ireki begiak poliki-poliki eguzkia sartzeak itsutu ez ditzan. Poliki, bai. (Adamek begiak irekitzen ditu). Ez al da ikusmira ederra?

A: Bai. Bikaina. Gorri bikaina eta hodei hori. [Inkoherentziazko une bat ematen diogu].

H: Eguzkia sartu da eta hotz egiten du. Jaiki eta etxera joan behar duzu. Saiatu altxatzen, astuna zara, baina saiatu altxatzen. [Jaikitzen lagun dezakezu, eutsi]. (Adam zutitu egin zen). Ea goazen. (Zirkuluetan ibiltzen gara pixka bat). Orain eser gaitezen aulkian. Bakean gaude. Oraindik gaude bakea berriro. Esaidazu nor ikusten duzu gela honetan?

A: Gelan ikus zaitzaket, G reg eta Ann.

H: Ni bakarrik naiz gelan, ni baino beste inor ez dago gelan. [Lasai, Ann-i Adam-i zerbait esateko eskatzen diogu].

Ann: Adam, partidarik al duzu zurekin?

A: (oihuka) Ez! Ez dut !

H: Adam, zergatik ari zara garrasika?

A: A nn entzun dut . Partidarik ote nuen galdetu zidan.

H: Orduan, zergatik ez diozu erantzun besterik egin, oihukatu besterik ez duzu egin?

A: Beno ... zeren ... galdetu zuen etxetik nonbait.

H: Aha. Eta ez dakizu Greg non egon daitekeen? Hemen izan zen duela une bat.

A: Ez dakit. Ez nuen ikusi.

H: Ados. Orain denak ikus ditzakezu, baina ezin dituzu altzariak ikusi, ezin dituzu altzariak ikusi. Esango al didazu zer egiten ari diren Greg eta Ann?

A: Beno ... Greg zintzilik dago eta Ann airean dago, (Greg sofan dago, Ann aulkian dago.

H: Mesedez, etor zaitezke eta atzeko aldean G reg marratu . (Adam hurbildu eta Gregen bizkarra bilatzen saiatzen da).

A: Ezin dut. Ez du bizkarrik. [Horrelako egoera paranoideek deshipnotizazioa sor dezakete .]

H: Altzariak ikus ditzakezu. Greg ondo al dago oraindik?

E: Hala da, baina ezin dut marratu koltxoia kezkatzen nauelako . Utzi buelta ematen.

H: Orduan, zergatik esan zenuen lehenago ez dagoela bizkarrik?

A: Hala esan dut ...? [Askotan, ez zaie erantzunik ematen hain galdera zailei. Galdera ez da kontuan hartzen eta hobe da errepikatzen tematzea.]

H: Beno, etzan orain eta deskantsatu. Atsedena. Amets atseginak izan eta gogoratu txalo batengatik hiru zenbakia ahaztuko duzula. Behin klasea emanda, 3. zenbakia ahaztuko zara. Hatzak zapaltzen ditudanean, berriro gogoratuko zara. Oraindik etzanda zaude eta zure gorputzetik isurtzen diren sentsazio atseginetan murgiltzen zara . Momentuz bost kontaketa egingo dut. Bost esaten ditudanean hipnosia erabat aterako zaizu.

ONE - poliki esnatzen zara

BI - gero eta logura gutxiago duzu,

HIRU - gero eta lo gutxiago,

LAU - ia trantzetik atera zara

P IEC - esnatu. (Adam bere trantzetik kanpo dago. Gelara begiratzen du eta apur bat tristea da. Gertatutakoa asmatzen saiatzen da).

H: Gogoan al duzu zer egiten genuen?

Ez. Gogoratzen dudana da hipnotizatuta egongo nintzela eta ohe horretan etzan nintzela. Ez dut beste ezer gogoratzen.

H: Ongi da. Gregek gero dena kontatuko dizu. 10 arte zenbatu daitekeen galdetzen diot nire buruari. Aurrera.

A: Ados, bat, bi, hiru, lau .... hamar.

H: (Henryk txalo egin zuen) Saiatu berriro.

A: Bat, bi, um ... lau, bost .... hamar. [Zenbait pertsonak hipnotizazio ondoko iradokizun horrekin itsatsita daude, eta beste batzuek ez dute arazorik agindutako zenbakiari ez begiratzeko].

H: (hatzekin jo zuen). Ez al duzu uste zenbaki bat galdu duzula?

E: Bai, uste dut azkarregi kargatzen ari nintzela .

H: Ez, ez oso azkar. Hipnosian agindu dudalako ahaztu zaizu. Baina ez zara gehiago oker egongo. Nahikoa da gaurko.

H: Mesedez, etzan eroso. Orain, mesedez, jarri esku bat nire ahurrean. (On Adam gezur bere posizioa atzera goian azaldu, baina ezkerreko ahurrean Henry da. Bigarren eskuko Henry esku berdinarekin estalitako goitik).

H: Gelditu lasai eta utzi zure pentsamenduak gustatzen zaizkizun gauzen inguruan. Lasai eta logura lortzen duzu. Ezkerreko eskutik etortzen zaizkizun estimuluetan oinarritzen zara . Erreparatu eskuan zure larruazaletik isurtzen diren sentsazio atseginak. Haietan kontzentratu eta hausnartu (Adamek begiak itxi). [Pixka bat geldi egoten gara].

H: Orain zure eskua astuna eta epela da. Zure bi eskuak astunak eta epelak dira. Berotasuna eskuan sartzen duzula sentitzen duzu, berotasun atsegina. Lo egiten ari zara. Zure eskuak astunak dira. Eskuak astunak eta epelak dira eta muskuluak lasai daude . Beroa poliki-poliki zabaltzen ari da gorputz osora. Lehenik eta behin, zure hankak astunak eta epelak izango dira eta, ondoren, gorputz osoa. Zure hankak astunak eta epelak dira. Berotasuna sentitzen duzu hanketan. Berotasuna eta astuntasuna zure hanken gainean zabaltzen sentitzen baduzu , eskua emango didazu. Zure hankak astunak eta epelak sentitzen dira (Adamek besoa estutzen du). Hanka astunak dituzu. Besoak eta hankak astunak eta epelak dira. Laster astuna sentituko zara eta zure gorputza barruko berotasunaz beteko da. Hala ere, zure ezker eskua da oraingoz astunena . Zure ezker eskua da astunena [Momentu honetan Adam-en eskua goitik sakatzen dugu astuntasun sentsazioa gehitzeko]. Ezker eskua oso astuna duzu. Baina laster. Laster arinagoa izango da. A ... Arinagoa dela uste dut . [Adanen presioa arintzen dugu.] Ezkerreko eskua gero eta arinagoa da. Hain da argia, laster igotzen hasiko dela, igotzen hasiko dela. Esku arina duzu, eta erraz igo eta kopetarantz mugitzen da. Zenbat eta gertuago egon hipnosiaren sakonean. Esku arina duzu eta inguruan flotatzen ari da (H: eskua Adam-etik kentzen du, baina oso ondo, Adamek ez dezan ohartu). Eskua igotzen zaizu eta gero eta hipnosia sakonago sartzen zara. Nire ahotsa bakarrik iristen zaizu poliki-poliki . Beste batzuk entzuteari uzten diozu. Eta zure eskua gero eta altuago mugitzen da . (Adanen eskua zertxobait igotzen da) [eskuaren arintasunaren inguruko iradokizuna behin eta berriz errepikatzen dugu, gero eta sakonago dagoen trantzera iristeko aipamenekin tartekatuz, Adamek eskua ukondoa altxatu beharko duen bezain altu altxatu arte]. Esku osoa lumak bezain arina da eta airean ahaleginik egiten du flotatzen. (Adamek ukondoa altxatzen du.) Orain zure eskua zure kopetara doa eta ni bakarrik entzuten zara, nire ahotsa bakarrik iristen zaizu. Eskua zure kopetara doa eta dagoeneko gainean dago . Zure eskua kopetan pausatu bezain laster, ni bakarrik entzungo nauzu. Lo egiten ari zara. Eskua kopetaren gainean duzu eta poliki-poliki erortzen zaio. Eskua kopetara erortzen zaizu. Ni bakarrik entzuten zara , ni bakarrik, ni bakarrik, ni bakarrik ... (esku bat kopetan erori zitzaidan). Orain trantze sakonean zaude eta hitz egin ere egin dezakezu. Hitz egin dezakezu. Saiatu "Ala" esaten. (Ahoko inguruko muskuluak mugitzen dira, baina Adamek ez du ezer esaten). Tira . Esan dezakezu. Esan dezakezunean hitz egin dezakezula, esan dezakezu. Esan "Ala".

A: A alaa.

H: Oso ona. Orain nire galderei erantzun ahal izango diezu.

H: Goazen denboran atzera. Eskolako lehen eguna jaten ari da. Zazpi urte dituzu eta lehen aldiz joango zara eskolara. Esan zer sentitzen duzun.

E: Oso heldua naiz jada eskolara joaten naizelako . Eta Ancia eskolara joaten denean, bigarren mailan egongo naiz bera baino zaharragoa naizelako. Amak esan zidan Jacekekin azkar sartzeko klasera, orduan elkarrekin eseri eta ondo egongo ginelako. Zereginak egin eta elkarrekin ikasteko gai izango gara ...

H: Esadazu nolako eguraldia dagoen, eguzkiak egiten duen ala ez.

E: Euria ari du, baina txamarra txanoarekin eta amak aterkia daukate, euriak ez digu minik egiten.

H: Ona. Orain gure garaira itzuli gara. Etzan pixka bat eta pentsa ezazu zerbait atsegina [H: atseden hartzeko denbora eman bere buruari].

H: Orain begiak ireki ditzakezu nahi baduzu. Saiatu begiak irekitzen. (Adamek betazalak mugitzen ditu). Zure begiak ireki. Laino artean ikusiko duzu hasieran, baina laster igaroko da. (Adamek begiak ireki zituen). [Adam hipnosia sakona da dagoeneko eta nahi duena egin dezake . Hipnositik irtetea Bernheimen teknikan bezalakoa da].

EYE orientazioa TECHNIC

H: Etzan eroso. (Adam eroso etzanda dago, eta pendulu distiratsua dugu begien aurrean, 30 cm inguru).

H: Begira kulunka. Ikusi kulunka denbora guztian. Ez kendu begiak. Begiak penduluari eutsi behar diozu denbora guztian, begiak min egiten hasten direnean ere. Pendulu horri begira pentsatzea besterik ez duzu . Momentu batean zure begiak hazten hasiko dira, baina penduluari begira jarraitzen duzu . Zure begiek azkura izango dute laster. (Adamen begiak kizkur egiten dutela ohartzen garenean.) Dagoeneko azkura dute, labean sartzekotan dira. Begiek ziztatuko zaituzte, eta eztarri zalantzazkoari begira jarraitzen duzu . Begiak laster ziztatuko zaizkizu (Adam keinuka). Begiak erreta daude jada , baina penduluari adi begira jarraitzen duzu. Begiak erretzen zaizkizu. Momentuan hasiko dira ureztatzen. Begiak urez hasten direla sentitzen duzunean, itxi egingo dituzu. Begiak urez hasten zaizkizu eta oraindik penduluari begira pentsatzea pentsatzen duzu. Gora eta behera begiratzen duzu , baina itxi egiten dituzu begiak urez hasten direnean edo gehiegi ezten dutenean. (Adamek begiak ixten ditu, Henryk eskua buruan jartzen du, erpurua bekokiaren erdialdea arinki estutuz) .

H: Begiak itxita dituzu eta zuk ez dituzu irekitzen. Begiak ireki gabe, " begiratu" sakatzen dudan lekura. Etengabe begiratzen ari zara hatzarekin ukitzen dudan zure kopetaren puntari begira, baina zure begiak itxita daude. Leku honetara begiratzen duzu eta lasai sentitzen zara, ez duzu ezer pentsatzen, poliki-poliki zure gorputza lasaitzen da. Lasai eta logura zara. Etengabe begiratzen diozu bekokiko puntari, nahiz eta begiak mindu. Begiak minduta daude, baina gorputzeko gainerakoa logura eta geldo dago. Logura, logura. Lo sentitzen zara, barra. dzo lo egin nahi duzu, zure gorputz guztia astuna da, logura zara.

H : Bitxia iruditzen zaizun arren, dagoeneko trantze arinean zaude. Orain eskua kenduko dut zure kopetatik. (Henryk eskua erretiratzen du). Lo zaude. Lasai arnasten duzu. Imajinatu zure inguruko hitz guztiak urdinak direla. Distira urdin freskagarri batez inguratuta zaude . Agian, pinu usain polita usaintzen duzu. Lasai, logura eta lasai zaude. Distira urdin batek inguratzen zaitu. Biriketara airea hartzen duzu eta aire urdin hori arnasten duzu. Ispilu baten ondoan etzanda egongo bazina bezala ikusten duzu zure burua. Gardena zara eta ikus dezakezu nola airea hartzen duen urdina biriken gainetik nola hedatzen den. Aire urdin freskagarria arnasten duzu eta hedatu eta birikak betetzen ditu. Arnasketa bakoitzarekin zure gorputz osora hedatzen da . Ikusiko duzu zeinen poliki-poliki zure odola urdin bihurtzen den eta urdin hori zure gorputz osora zabaltzen duen. Lo, lasai eta oso atsegina zara. Eta inhalazio bakoitzarekin urdinak gero eta bolumen gehiago betetzen du zure gorputzean. Ari zara , gero eta gehiago lasaitu lortzean. Bakea urdin paregabe batekin dator . Gero eta sakonago dagoen trantzean zaude.

H: urdinak zure gorputz osoa estaltzen duenean, eskuineko eskuko erpurua pixka bat altxatuko duzu. Arnasa hartu eta urdinak betetzen zaitu. (Adamek lasai arnasten du eta Henryk eskua ikusten du eta noizean behin iradokizunak egiten ditu lo egiteko, erlaxatzeko eta hipnosia maila sakonago batean sartzeko.)

(Adamek erpurua altxatu zuen).

H: Orain nire argibideak jarraitu ditzakezu . Gogoratu betetzen duzun agindu bakoitzak zure hipnosian sakonduko duela eta agindua jarraitu ezin baduzu, ondo dagoela. Ez kezkatu. Beste behin saiatuko gara eta orduan arrakasta izango dugu zalantzarik gabe.

H: Zure trantzetik irten gabe askatasunez hitz egiteko aukera izango duzu. Hitz egin dezakezu. Esaidazu zure izena.

A: Adam.

H: Oso ona. Gogoratu nire eskaera jarraitzeak zure aukerak handitzen dituela .

[Une honetan, merezi du jarraitzeko agindu sinple batzuk ematea hipnotizatuen auto-konfiantza sendotzeko. Orduan, komando zailago baina ikusgarriagoetara joan zaitezke].

H: Oso ona. Orain itzul gaitezen orainaldira . Orain begiak ireki ditzakezu. Begiak ireki ditzakezu. Saiatu begiak irekitzen. (Adamek begiak ireki zituen).

A: Zer, zer gertatzen ari zen? Gogoan dut ... aaa hipnotizatuta nengoela ....

[Adamek hipnosia utzi zuen, begiak irekitzeko agindua hipnositik ateratzeko agindua zela iritzi baitzion . Halako komandoekin, hipnosiak jarraituko duen aurreko erreserbaz gogoratu behar da].

ESZENEKO TEKNIKA

Oso teknika zorrotza eta dinamikoa da. Hipnotizatzailea zalantzarik gabeko aginduak ematen dituen aginpide absolutua da . Teknika honetan, garrantzitsuena teknika hori erabiliz trantzean oso erraz sartzea ahalbidetzen duten pertsona talde bat edo pertsona bat hautatzea da, pertsona hori berehala menperatzen delako edo pertsonak huts egingo duelako. Gehienak ere bada, trantze bat inducing metodo ikusgarri eta ikusgarria.

(Henryk aukeratutako pertsona eserleku du, demagun Adam izena duela aulki batean).

H: Hemen gonbidatu zaitut, nire aginduak bete ditzazun. Ez duzu haien beldurrik izan behar, ez baitira zailak izango eta exekutatzeak ez zaitu arriskuan jarriko. Esperimentua onartzen baduzu, nirekin lankidetzan arituko zarela uste dut. Nire agindua zure agindua izango da.

H: Objektu bat esku artean dut. Erakutsi dizudan unean, zure burua itxi eta nire borondateari amore ematen hasiko zara. Betazalak itxi egingo dira eta ezin izango dituzu ireki. (Henryk eskua ireki eta esku artean duen objektua erakusten du. Adamek begiak itxi ditu).

H: Ezin dituzu begiak ireki. Nahi izanez gero, ireki ditzakezu , baina ez duzu nahi, eta kito. (Adamek irribarre egiten du).

H: Begiak itxita jarraitzen duzu. Lasaitzen ari zara. Oso astuna zara. Ezin duzu muskulurik mugitu. Denak inerte zarete. Nire borondatearen menpe zaude. Nire agindu guztiak bete ahal izango dituzu .

H: Hitz egin dezakezu. Esaidazu zure izena.

E: Nire izena Adam da.

H: Esadazu zenbat urte dituzun eta non bizi zaren.

E: 20 urte ditut eta hirian bizi naiz.

H: Orain entzuten duzun horretan kontzentratuko zara. Ondo gogoan izango duzu eta hala esaten duenean errepikatuko duzu. (Henryk gelako norbaiti 30 hitz idazteko eskatzen dio. Gero poliki irakurtzen ditu lehen 10 hitzak).

H: Irakurri dudana errepikatu. Adamek irakurritako hitzak errepikatzen ditu, baina beste ordena batean. Orain , ordena berean eman beharko didazun hitz batzuk irakurriko dizkizuet . Adimena argi eta memoria xurgatzailea duzu oraintxe bertan. Entzun arretaz. Prest zaude?

A: Bai, prest nago. (Henryk hitzen segida irakurri zuen eta Adamek akatsik gabe errepikatu zituen).

H: Oso ona. Hipnosiaren pean zaude oraindik , baina begiak ireki ditzakezu. Zure begiak ireki.

H: Begira, zure institutuko irakaslea gugana hurbiltzen ari da. Agurtu. (Adam bere lagunarengana hurbiltzen da).

A: Egun on irakasle.

J: Kaixo Adam. Ez zaude ondo prestatuta hilketarako. Hiru dituzu. Hurrengoan ikastea hobe duzu.

E: Luze ikasi nuen.

J: (Irten). Dirudienez ez zenuen sistematikoki egin.

H: Nor zen hori?

A: Nire irakaslea alemanetik. Beti ari zitzaidan hautatzen.

H: Ona da dagoeneko joan izana. Saia gaitezen jaikitzen. Hipnosiaren pean zaude oraindik, baina jaiki zaitezke. Zutitu zaitezke. Altxa zaitez. (Henry jaiki ahala babesten du Adamek. Adam zutik dago). Altxa ezker eskua. Goragokoa. Goragokoa. Bai, bai. Beno. (Adanen eskuak angelu zuzena egiten du beheko adarrarekin. Henryk Adanen alkandoraren mahuka biltzen du).

H: Zure eskua adore dut. Une batean, denbora gutxian, ez duzu ezer sentituko ezkerreko eskuan. Hiru atzera kontatzen ditudanean, ez duzu zure ezker eskua sentituko. Bat bi hiru. Ezkerreko eskuan ez duzu ezer sentitzen. Henryk izotza jartzen dio Adamen besaurrean. Adamek ez du erreakzionatzen).

H: Oso ona. Hipnosia sakon zaude eta nire aginduak betetzen ari zara. Orain hirutik bat kontatuko dut eta esku horretan hiru-bi-bat sentituko zara berriro. Eskua hotz sentitzen baduzu , apurtu izotza. (Adamek izotza eskutik kentzen du eta besaurrea igurtzi egiten du bero mantentzeko).

H: Orain gogoratu hasieran gogorarazten nizkizun hitzak. Gogoan al dituzu?

A: Gogoan dut.

H: Ondoren, errepikatu itzazu irakurritako ordena berean. (Dama batek oroitzapenetik hitz segida bat birsortzen du. Henryk ikusleari sekuentzia idatzi zuen paper zatia erakusten dio).

H: (Ikusleari). Zuzena al da.

Ikuslea: Bai, ezin hobea.

H: Bravo Adam. Nahikoa dela uste dut. Etzan orain eta gogoratu zenbat urte dituzun galdetuta bost erantzun behar dituzula. "Adina?" Galdera entzuten duzunean "bost urte" erantzungo duzu. Galdera honi erantzuten jarraituko duzu gelatik irten arte. Gelatik irteten zarenean, argibide hau ez zaizu aplikatuko. Hipnosia atera ondoren ere ez zara konturatuko zure agindua zuzena, baina zure inkontzientean gogoan izango duzu. "Adina?" Galdetzean "bost urte" erantzungo duzu. Orain hirutik bat kontatuko dut. Bat ahoskatzen dudanean - hipnositik aterako zara: hiru-bi-bat. Hipnosiaren amaiera. (Adam trantzetik ateratzen da). (Denbora gutxiren buruan, Henryk Adani deitu dio eta hipnosia jasan duten pertsonen estatistiketan sartu nahiko lukeela esan dio. Hori dela eta, inprimakiko datuak sartzeko eskatu dio. Datuak sartzerakoan, "adina ?" Galdera egiten dio Adami. Hipnotikoaren osteko iradokizunak arrakasta badu, Adamek "bost urte" erantzungo du.

HIPNOSIA urtebetetzeetan

Kapitulu honen hasieran adierazi nahi dut jarraibideak eman ditudala, erabateko arrakasta izateko probabilitatea handitzeko. Duten pertsonak aurkitzeko oso zaila horiek ikasteko, edo nor behar trebetasunak ez dute, behar ez kezkatu.

Azkenean, elementura joan zaitezke: ausazko pertsona bat hartu, zure teknika gogokoena erabili eta arrakasta izatea espero duzu. Bestela , hurrengo pertsona eta hurrengoa hartuko ditugu. Izan ere, egoera horretan erabateko porrota izateko probabilitatea txikia da, baina hipnotizatutako pertsona batengan trantze sakona lortzeko aukera handirik ere ez dago. Baina goazen puntura. Festa batean hipnotizatzeko arrazoi ohikoena zure lagunak entretenitzea edo hunkitzea da.

Neska-lagun edo mutil-lagun berri bat ezagutzeko modu ona ere bada - hipnosia egiteko aukeratu dezakezu. Ados egongo ez balitz, ondo legoke. Hitzordua beste denbora baterako egin dezakezu .

Aipatutako helburuak lortzeko, merezi du zure ekintzak arretaz antolatzea eta zenbait arauetara atxikitzea. Bestela, helburu kontraproduktiboa lor dezakegu.

Egin behar ez dena kapitulu honen amaieran agertzen da. Orain jorratu dezagun "proiektuaren" alde teknikoa.

Batez ere: denbora aukera ona.

Denbora hautatzea.

Uste dut jendea dantzarekin nekatu eta atseden hartzea erabakitzen dutenean bakarrik hastea dela onena. Festaren hasieran saio bat hasteak hipnotizatutako pertsonaren dibertsio gehiago hondatu dezake, lo egiteko hipnosiaren ondoren jende askok sentitzen duelako. Gainera, "ergelak" ikusi beharrean dantzara etortzen diren gainerako alderdiak desanimatu ditzake.

Ezin duzu emanaldia ekitaldia amaitu arte atzeratu, jendea nekatuegi egongo delako eta ez dituztelako jakingo zein aukera dituzun denbora guztian, eta hori galera nabaria da. Baldintza horiek nolabait bateratzeko, merezi du horrelako ekitaldi batera joatea, bide batez , jokoaren hasieran zure gaitasunez hitz egiten duen lagun batekin. Normalean, berehala ikusteko prest dauden asko egongo dira. Baina ez amore eman. Itxura apala izan eta alde egin hortik. Kasu txarrenean, esan dibertitzeaz nekatzen direnean saio bat egingo duzula eta oraintxe bertan dantzatu nahi duzula.

Trikimailu hau erabili behar ez baduzu eta insistentzia gelditzen bada, arrakasta lortzeko bidean dago dena. Dagoeneko interesa piztu duzu zure buruarekiko eta orain begi askok jakin-minez begiratuko zaituzte .

Eta hipnotizatzeko unea iritsi dela erabakitzen duzunean, ondo dagoela iruditzen zaizu, zure burua konbentzitzen uzten duzula eta ... hasten zara. Gauerditik 1era orduak proposatuko nituzke, festak goizera arte iraungo duen eta gaueko 23: 00ak aldera gauerdia arte iraungo badu.

Pertsona aukeratzea .

Hipnosirako pertsona egokia aukeratzeko, enpresa ondo ezagutu behar duzu edo itxura ona izan, eta gero pertsona batzuk probatu. Proba mota zure esku dago, aukeratu ondoen egokitzen zaizuna.

Jakina, norbaitek bereziki interesatzen bazaizu, aukeratu pertsona hau probarako. Ez saiatu inoiz buruaren aurka jokatzen eta utzi azterketa bat egitea. Hobe da interesatzen zaizunarentzat arrakastatsua den ikuskizun baten ikusle izatea huts egin duen batean parte hartzea baino.

Pertsonaren aukera ere erabili nahi duzun teknikaren araberakoa da. Teknika eszenikoa izango bada, arreta zentro izatea gustuko duen pertsona adierazgarria aurkitu behar duzu. Nola ezagutu? Normalean oso alaia den pertsona bat da, ozen jokatzen duena, oso maiz deitzen dena laguntasunaren arima . Beste teknika batzuetan, aukeratzeko askatasuna askoz ere handiagoa da. Oso hipnotikoak diren sonnambulistak aukeratu daitezke. Lo egiteko modua galdetu ondoren soilik hauteman daitezke. Somnambulistek lasai lo egiten dute, esna errealitatean sartzeko arazoak dituzte, lo egitean hitz egin edo garrasi egiten dute, batzuetan somnambulismoa egiten dute.

Metodoa aukeratzea.

Zure esku dagoen gizakiaren "materialaren" araberakoa da, hau da, hipnotizazio metodoetatik zein izango litzatekeen pertsona bakoitzarentzat egokiena zehaztu behar duzu. Orduan, zehaztu dezakezu zure metodo gogokoena erabil daitekeen ala ez. Eta edozein teknika hipnotizatzailetan eroso sentitzen bazara, jarraitu Hipnotizazioa hasieratik ikusi nahi badute, teknika eszenikoa erabiltzea gomendatzen dizut - posible bada (horretarako pertsona egokia dago).

Beste teknika batzuk erabilita hipnotizatuen eta ikusleen barre algarari aurre egin beharko diozu, eta hori oso lan zaila da. Gainera, ikusleek hipnotizatutakoak despistatzen dituzte. Jakina, hori saihestu daiteke hipnotizatutako pertsona modu pribatuan hipnotizatuz eta ikuslea sartzen utzita dagoeneko trantzean dagoenean, baina dibertsioaren erdia gutxienez hondatzen du.

Hala ere, Bernheim bezalako teknika erabiltzea erabaki baduzu, ez kezkatu norbaitek barre egiten duen edo zerbait astakeria esateagatik. Barre eta algara batzuk egin ondoren, lasaitu egingo dira. Ezin diozu inori galderarik egin zuri edo hipnotizatutakoari. Esan beharra dago "Oh ... zer egiten ari zara, Henry?" Adam hipnotizatzen ari al zara? Ea, gorra zara? ... Adam, zer egiten ari zara? " edo antzeko zerbait.

Horrelako galderak orain arteko ahalegin guztiak hondatu ditzake.

Ikuskizuna nola lortu.

Zure lankideek mirets dezaten , hunkitu ez ezik , ondo pasatu ere egin behar duzu. Hori lortzeko, dibertsioan emozionalki parte hartu behar duzu. Gogoratu estresa edo antsietate labur eta zorrotzak barre egitea eta erlaxatzea eragiten duela. Sinesten ez baduzu, begiratu jendeak gehien barre egiten duen egoeretan (adibidez, norbaiten erorketarekin, txantxa ergel batekin, etab.) Mina eragiten duten egoerak izan ohi dira eta, beraz, algararen bidez deskargatzen dira. Hori dela eta, momentuko tentsioak pilatuz eta gero ezabatuz, zure " aurkezpenean" arreta mantentzen duzu eta enpresaren aldartea hobetzen duzu.

Eszena-teknika erabiliz, ziur zaude, banku batean bezala, zure lankideek ikuskizuna bere izate osoarekin xurgatzen dutela eta horri esker eskuan dituzula. Komando zail bakoitzak tentsio bat sortzen du, hala nola exekutatuko duen edo ez. Aginduaren arrakastaz exekutatzeak beldurra eta irribarrea desagertzea eragiten du. Erreakzio bera egoera arriskutsu batek eragiten du. Hipnotizatzaile eszenikoek hori erabiltzen dute hipnotizatua ez jartzeko, baina hipnosia zutik dagoenean hasten dute eta hipnotizatutako pertsonari laguntzen diote, trantzera sartu eta lurrera erortzen denean motela eta minik gabekoa izan dadin.

Hala ere, ikus-entzuleen artean, beldurrezko egoera sortzen da jada: "Arreta desagertzen ari da!" Eta hipnotizariaren zaintza ikusita, lausotzen da. Gainera, konfiantza sortzen du berarengan.

Erabili behar dituzun alderdi horiek guztiak dira , nahiz eta lurrean pertsona bat landatzea gomendatuko zeniokeen, adibidez burkoan eta atzealdean bakarrik idatzia lurrean poliki-poliki jartzeko.

Efektu handiagoa lortzeko, hobe da beste burko bat eskura izatea eta erortzen zarenean (baina orduan bakarrik) hipnotizatutako bizkarraren azpian jartzea. Hori da teknika eszenikoaren kasua.

Beste teknika batzuetan, norbait hipnotizatzen duzunean bakarrik ager daiteke. Gainera, teknika hauek ironikoak izan daitezke, hori ez da esan nahi duzuna. Baina teknika horiek abantailak ere badituzte. Beroagoak dira eta norbait beste ikuskizun batzuekin konbentzitzea nahi baduzu, errazagoa da teknika horiek lortzea, teknika eszenikoak beldurra piztu dezakeelako.

Pertsona hipnotizatua trantzean dagoenean, edozein metodo erabilita ere, merezi du pauso hauek ematea ikusgarria izateko:

Trantze arinean.

- jarri besoa airean posizio deserosoan eta utzi bertan. Adibidez, lurrarekiko 45 graduko angeluan eta, gainera, objektu astun samarra etetearekin. Minutu batzuk igarota, ikusleak ohartuko dira eskua posizio berean mantentzen dela, normalean anormala eta nekea egiteko arrastorik gabe egitea oso zaila dela.

Trantze ertainean.

- "denboran garraiatzea" eragin. Pertsona hipnotizatua 15, 10 edo are gazteagoa dela iradokitzen da. Hobe da iraganeko gertaera garrantzitsu edo interesgarri batekin erlazionatzea. Pertsona hipnotizatua festara bertaratutako beste batzuekin edozein lekutara joaten bazen eta zerbait gertatzen zen bertan denbora luzez gogoratzen duzunez, merezi du garai honetara joatea. Adibidez, behin ikaskide bat hipnotizatu nuen besteen aurrean. Ondoren, oporretako estazio batean zerbitzari lanetan ari ginela itsasertzera egindako bidaia aipatu nuen . zentro honetan gaude, hipnotizatuta zegoen hankak ostikatuta zituela, eta hori gertatu zen egun batean zentru horretako alboko alboko ur beroa busti zuela zorua garbitzen ari zen sukaldari batek.

Halako erreakzio bortitz batek inpresio egokia eragin zien gainerako lankideei.

-iradokizun hipnotiko bat aurkezteko. Trantzetik irten ondoren egiten duen interpretazioak sekulako inpresioa eragiten du. Zenbait zenbaki edo izen ahazteko agindua izan daiteke, adibidez neska hipnotizatuarena , edo une jakin batean beharrezkoak ez diren ekintzak egiteko agindua.

- esan hipnotizatzaileari eltxo batek eraso diola edo liztor bat duela ilean.

Trantze sakonean.

- bonbilla gurina izorratuta eduki.

- Agindu ereserki baten abestia ereserki horren musika jotzen hasi bezain laster (beste doinu bat jotzen ari da).

- Agindu neskak edo altzariak ez ikusteko eta abar eta erabili egoera dibertigarria sortzeko.

- esan hipnotizatutakoari gelan bakarrik dagoela eta neska eder bat gelara sartzekotan dela (aplikatu edertasun hipnotizatuaren kanona, badakizu). Neska baten ordez, mutil bat gelara sartzen da eta jasotzera gure delitugilea probokatzen du. Hipnotizatutako pertsonak neskaren aurrean erreakzionatu eta erronka hartu beharko luke.

- hipnotizatuen memoria erakutsi (egunkariaren edozein orrialde irakurri eta memoriaz errepika dezan eman).

- Garai batean atzerriko hizkuntza ikasi bazuen eta orain gogoratzen ez bada, itzuli garai hartara eta eskatu hizkuntza horretan adierazteko. - esan iezaiozu limoi garratza azukrea dela eta eman pixka bat jateko.

Egin behar ez zena.

- Ez zara lotsagabea izan behar, atsegina eta maitagarria baizik.

- Ez arriskuan jarri hipnotizatutakoak (adibidez, aitorpenen bidez, biluzi eta abar).

- Ez barkatu hipnotizatuak. Oroipen kontuan dela EGOERA dibertigarria izan behar da, ez HIPNOTIZATUA.

- Ez umiliatu (zaunka egin, mahaiaren azpian sartu).

- Ez ezazu indar fisikoa luzatu gehiegi luzatuz hipnotizatuaren erresistentziaren erakustaldiak.

- Ez ezazu gorputza kaltetu erretze mingarririk gabeko manifestazioen bidez.

labankadak eman eta gero min egin dezaketen zauriak eragitea

hipnositik ateratzea, etab.

- Ez zaitez asaldatu zerbait funtzionatzen ez duelako. Ezer gertatu ez bazen ere

huts egin, beti ikusleei egotzi diezaieket hori

oso kezkagarria .

- Ez hartu ikuskizuna serioegi, umorea hondatzen duelako.

IKASKUNTZA HIPNOSIAN ETA AUTOHIPNOSIAN

Hipnosian ikastearen abantailak.

Hipnosia zientzia, batez ere deiturikoa, dagoen egoera da memoria oso ondo xurgatzen du ikasleak. Hipnotizatutako pertsona batek 120 eta 500 artean gogoratzen duela esan da! atzerriko hizkuntza bateko hitzak ikasten ordu batean. Hipnosiaren mailaren eta ikaslearen gaitasunaren araberakoa da. Zergatik gertatzen da hori? Seguruenik bi arrazoi direla eta:

- Lehenik eta behin, hipnotizatutako pertsonak arreta egiten duenean jartzen du arreta, eta horrek izugarrizko eragina du memorizazio prozesuan.

- Bigarrenik, hipnosiak guretzako erreserba ezezagunak aktibatzen ditu, naturaz gaindikotzat har daitezkeenak eta memoria fenomenikoan agertzen direnak . Oroitzapen hau oso ona da, iraganeko gertaeren inguruko xehetasunak gogora ekartzeko aukera ematen baitu. Gainera, aginduko duguna zehazki gogoratzeko aukera ematen du, hau da, zer ikasiko dugun.

Gainera, hipnosiaren pean ikastea ez da astuna denboraren poderioz zentzurik ez dagoelako. Bitarte horretan, ez duzu pentsatzen ikasteko denbora "galdu" beharrean egin litezkeen beste jarduera "interesgarriagoak".

Emaitza txarrena hartzen badugu, hau da, orduko 120 hitz eta bi orduko saioa (azterketa ordu bat barne, eta hipnotizatzeko eta erlaxatzeko geratzen den denbora barne), 25 egunetan 3.000 hitz ikasteko gai gara (suposatzen da 3.000 hitz jakin beharko zenituzkeela atzerriko hizkuntza zuzen erabili ahal izateko). Beraz, teorikoki 25 egun barru atzerriko hizkuntza ikas dezakegu. Teorian, behar bezala erabiltzeko hizkuntza honetan elkarrizketa eta gramatika arauen erabilera intuitiboa behar dituzulako. Hala ere, oinarrizko arazoa ez da hitz kopuru egokia jakitea eta hipnosiak konpontzen du arazo hori.

Hipnosi arinean ikasi dezakezula ere gustatuko litzaidake, nahiz eta trantze sakonean bezain onik ez lortuko. Batez ere jendeak entzumenezko memoria baino gehiago bisuala duelako . Hipnosia arinean, entzutea besterik ez da, eta hipnosia sakonean, entzun eta irakurri dezakezu.

Galdera sortzen da: hain metodo eraginkorra bada, zergatik ez da oso erabilia?

Beno, arrazoi ugari daude:

- non aurkitu hipnotizatzaile-irakasle bat, batez ere hizkuntza irakasle bat, hipnotizatzaile gehienak medikuak baitira eta ez baitira asko;

-zein ikastetxetan ausartuko zinateke hizkuntza gehien ikasteko modu bat ezagutzera hipnosia jende gehienak xarlatismoarekin lotzen duen egoeran ?

-eta ausartuko al zinateke horrelako hizkuntza ikastaro bat egitera? Zenbat eta gehiago ez litzateke doakoa izango. Ez al zenuke nahiago ikastaro tradizional bat hartu eta ez arriskatzea?

Zorionez, hipnosia ikas dezakezu lankide talde batekin edo norberak hipnosia ikasten baduzu. Nahiago nuke bizpahiru lagunekin harremanetan jartzea, hipnosia elkarri ezagutzera emateko eta hipnotizatutakoari irakasteko.

Laburbilduz, hipnosiaren pean ikastea onuragarria da, izan ere:

- ikasgaiko materiala oso azkar gogoratzen da .

- memorian denbora luzez geratzen da, ez da ahazten.

- ez da mentalki nekatzen zientziaren monotoniatik.

Autohipnosia.

Auto-eragindako hipnosiari autohipnosia esaten zaio.

Autohipnosia hipnotizatutako pertsona beste pertsona baten iradokizunik gabe trantzean sartzen denean bakarrik gertatzen da . Hipnotizatutako pertsona trantzean jartzen den egoeran, hipnotizatzailearen ahotsarekin zinta bat jotzearen ondorioz, zeharkako hipnosia dugu aurrean, eta ez autohipnosia.

Auto-hipnosia maiz gertatzen da berez, baina bere ibilbidea kontrolatzea oso zaila da eta ariketa fisikoa egitea eskatzen du. Zure ametsak kontrolatzea bezain zaila da.

Noiz agertzen da autohipnosia bere kabuz? Pilotoen eta ibilbide luzeko gidarien ohiko gaitza da . Deitzen denaren aurretik jarri ohi da gurpilean lo egitea, baina ez da arau bat. Maiz atsedenik hartu gabe askotan gidatzen baduzu, agian "pilotu automatikoan" gidatzen ari zarela ohartuko zara, nire lankide batek esan zuen moduan. Egoera hori utzi eta gero konturatzen garela konturatzen da. asko gogoratzen dugu errepidean gertatu zena orain dela gutxi, edo denboraren joan-etorria sentitu ez dugula, ez ginela aspertzen gidatzeaz. Halako egoeran auto bat gidatzea oso arriskutsua da ezen lotan gera gaitezkeen - gainera, gidariak trafikoaren egoeraren kontrol osoa du, "Desaktibatuta".

Auto-hipnosia berez gertatzen den egoerek iradokitzen dute zein metodo natural hartu behar diren hori eragiteko. Beraz, beharrezkoa da estimulu monotonoak objektu batzuei begira uztartzea eta ikusmena finkatzeko. Hemen sortzen da meditazioaren antzekotasuna. Pertsonalki, uste dut autohipnosiaren eta meditazioaren lorpenaren artean desberdintasunik badagoela, oso lerro fina dagoela haien artean.

* Autoindukzioa hipnosian (autohipnosia).

Autohipnosia ikasteko bi modu daude. Trebetasun hori hipnosiaren baldintzapenaren bidez edo autoikasketaren bidez lor daiteke.

a) Hipnotizatzaileak hipnosian baldintzatzea .

Hau da autohipnosia nola eragin ikasteko modurik azkarrena eta errazena. Hala ere, ez du bere ibilbidea kontrolatzeko prozesua irakasten - esperientziarekin lortzen da.

Hipnotizatzailearekin ados gaude hipnosian sartzeko prozedura post-hipnotikoa sartuko duela. Adibidez, hipnotizatzaile batek esaten dizu hipnotizatuta egongo zarela esaldia zuk zeuk ahoskatzen baduzu: "Adam, 'hiru' esaten badut, ni neu hipnotizatuko naiz, bat, bi, hiru".

Orduan, norbere burua hipnotizatzerakoan, nahikoa da esaldi hau ahoskatzea eta berehala autohipnosian egotea. Hipnosiaren irteera eragingo duen seinalea identifikatzea ere merezi du. Egokiena, alarma seinale bat izan beharko luke. Erraza da denborazko zailtasunak mantentzea.

b) Ikaskuntza ausarta bera .

Hipnotizatzailerik ezagutzen ez badugu, modu independentean ikasi beharko dugu. Autohipnosiaren metodoak ez dira nabarmen desberdintzen hipnotizatzaileak modu aktiboan parte hartzen duen metodoetatik.

Auto-hipnosia "puruan", gizakiak aurretik ezagutzen ziren hipnotizazio-metodoak erabiltzen ditu. Une honetan jende gehienak oztopo bat du: nola kontrolatu zeure burua hipnosian zaudenean?

Ohi bezala, hipnosia loaren antzeko zerbait dela dio mitoak eta loa ezin dela kontrolatu. Baina hipnosia ez da ametsa. Hipnotizatutako pertsonak egoeraren erabateko kontrola duen beste kontzientzia egoera bat da.

Auto-hipnosia menderatzeko gakoa "gorputzetik ateratzeko" gaitasuna ikastea da. Adimena gorputzetik bereiztea da. Orduan, hipnotizatzailea gure gogoa da. Gure gorputzaren ondoan esertzen da, edo "hipnotizatuta" dago, eta aginduak ematen dizkio. Hasieran, zaila izango da zure gorputzaren erreakzioak kontrolatzea horrekin identifikatu gabe. Hala ere, irudimena duten pertsonek arazo horri oso azkar egin beharko lioketela uste dut .

Zure bizitza eta ikaskuntza erraztu ditzakezu magnetofonoa erabiliz. Hipnotizatzaileek hori jada ez dela autohipnosia uste duten arren, ez du axola zure helburua ezagutza lortzea den, ez autohipnosia ikastea.

Beraz , grabagailua baduzu, zure aginduak zintan grabatu eta trantzean sartzen zarenean erreproduzi ditzakezu. Garrantzitsua da zintarekin jarraitzeko arazoak sortuko direla ez zapuztea. Saiakera batzuk egin ondoren, erreakzioak zintaren abiadurara egokitu behar dira. Pazientzia izan behar duzu eta saiakera horiek egin.

Hipnosiaren pean ikasteko modua.

Esna zaudenean eta hipnosiaren pean ikasten duzun moduaren arteko desberdintasun bakarra ikasteko aurretik egoera hipnotikoan sartu behar dela da. Horren ondoren, ikasteak ohi bezala jarraitzen du , behin irakurritako materiala (edo bi aldiz gehienez) errepikatu beharrik ez dagoela aldean. Hipnotizatuta, testua betirako gogoratzeko duen gaitasunaren araberako abiaduran irakurtzen du. Batzuek azkarrago egiten dute, beste batzuek mantsoago.

Denbora zaintzen baduzu eta autohipnosiarekin arazoak badituzu, zure lagunekin elkarrekin joatea eta elkarrekin ikastea proposatuko luke, txandaka hipnotizatzailea, irakaslea eta ikasle hipnotizatua izanda. Hala ere, bakarkakoei edo lagunak harritu nahi dituzten pertsonei autoikasketaren arte zaila geratzen zaie .

*** Autoikaskuntza.**

Hipnosian autoikaskuntza honakoa izan daiteke:

Familiari gainerako bi orduetan debekatzen diozu zure gelara sartzea edo telefonoz deitzea, ontziak garbitzea , etab. Gainera, txartel bat atean zintzilikatzen duzu "SARRERARIK GABE" dagokion informazioarekin - norbaitek ahaztu ez dezan.

Lasaitasuna duzu dagoeneko, ikas materiala prestatu ahal izateko. Hipnosia sakonean sartzeko gai bazara, koadernoak edo liburuak prestatuko dituzu . Plater batean bakarrik bada, magnetofonoa (entzungailuak belarrietan jartzea da onena, ingurunea mozten baitute). Garrantzitsua da eskuliburuak erraz eskuratzea eta eskura izatea.

Grabagailua erabiltzeak eragozpen bat du :

Grabatutako mezuen erreprodukzio-abiadura ez da normalean hipnotizatutakoen xurgapen-abiadurarekin bat etorriko, hau da, zinta ahal duzuna baino azkarragoa bada, mezu asko ez dira xurgatuko zintan egon arren . Horrela, ikasi ondoren zure ezagutzak huts egiten badu (denbora galtze gehigarria), trikimailu bat joka dezakezu erantzunean edo paper zati batean. Aldiz, zure mezuak zure gogo-egoerak onartzen duena baino motelago jokatzen badute , denbora ere alferrik galtzen da. Hala ere, aurreko kasua baino hobea da.

Hala ere, ikasmateriala erreproduzitzeko abiadura ez da inoiz optimoa, izan ere, egun desberdinetan eta egun bereko ordu desberdinetan ere ikasteko gaitasuna handiagoa edo txikiagoa izango da. Hainbeste faktoreren mende dago, kontroletik kanpo dagoela. Hipnosia kontrolatzen duen bigarren pertsona batek bakarrik sar dezake ikasteko erritmo optimoa. Beno, baina zuk bakarrik ikasten duzu, beraz, aukera hori ez da existitzen.

Beraz , hipnosian sartzea zientzia ona motibatzeko behin eta berriz baieztatuz edozein motatako errepikapena eginez:

- Pozten naiz ikasiko dudalako.

- Gustatzen zait ikastea eta erraz etortzen zait burura.

- Ikastea erraza eta dibertigarria da.

- Gaur albiste erabilgarri asko izango ditut. Beste batzuek baino gehiago egiteko gai izango naiz.

- Pozik nago ikasteaz.

Baieztapen hauek errepikatu beharko zenituzke (2 - 3 minutu).

Dibertigarriak eta tontakeriak dirudite, baina oso eraginkorrak dira. Zure esaldi motibagarriak sar ditzakezu . Zenbat eta gehiago egokitu zure nortasunarekin, orduan eta efektu handiagoa izango dute.

Baieztapenen ondoren, hipnosian sartu eta ... ikasten dugu!

Sakoneko trantzean, zinta entzuten dugu, sakonean eskuragarri dauden ikasteko metodo guztiak erabiltzen ditugu, baita atzerriko hizkuntzan berriketan ere.

ADI! Trantzetik irten aurretik, prozesatutako materiala memorizatzeko aginduak eman behar dira.

*** Ikaskuntza kolektiboa.**

Hipnotizatzeko gai den lagun bat baduzu eta hipnosia ere ikasi nahi badu, zortea duzu . Harekin hitzordua egin dezakezu elkarrekin ikasteko. Esna zaudenean elkarrekin ikastearekin alderatuta, beste pertsona baten presentzia gehien distraitzen den tokian, hipnosian elkarrekin ikasteak bere abantailak ditu. Hipnosian eta ikasketa malguan azkar sartzeko aukera ematen du.

Yzer hipnotizatzaileak ikasleak egiten ari den aurrerapena ikusten du eta mezuaren erritmoa moteldu edo azkartu dezake eta euskarri aldakorrak (hitzezkoak edo grafikoak, etab.) Erabil ditzake.

Egokiena, pertsona bakarra hipnotizatuko da ikaskuntza saio batean eta bestea beste egun batean. Ikasleek hipnotizatzeko txandaka ikasten duten sistema ez da onena. Ikasteko denbora mugatuarekin, hipnosia induzitzerakoan denbora gehiegi galtzen da, eta trantzearen egoeran sartzeak , adibidez, 10 minutu bi aldiz eta ikaskuntza hutsak bakoitza 20 minutu iraungo duten egoerak sor daitezke . Egoera horretan, hobe da pertsona bakarra hipnotizatzea eta 50 minutu ikastea, eta beste egunari beste egun bat irakastea.

Ikasten ikastaroa honako hau da:

Hipnotizatzaileak hipnotizatzailea trantzean jartzen du. Hipnotizatutako pertsonak trantze sakon batean sartzeko arazoak baldin baditu, hipnosia ertainean geldituko gara. Orduan, bere bizitzako gertakari atseginak gogoratzen zaizkio bere ongizatea hobetzeko eta orduan hasten gara ikasten. Hasieran, hitzez eman daitekeen materiala prozesatu egiten da. Geroago bakarrik saia zaitezke hipnotizatutako pertsona trantze sakonagoan jartzen, hipnotizatutako pertsona bere kabuz liburuak oinez eta irakur ditzan ahalbidetuz. Hipnotizatzaileak orduan hipnotizatzaile gisa bakarrik jokatzen du - ez da irakaslea. Egoera hau onena da, ikasleak inkontzienteki bere kabuz aukeratzen baitu ikasteko erritmo onena. Egoera horretan,% 100 ziurtatu dezakegu prozesatutako materiala gogoratuko dela .

Hala ere, hipnotizatutako pertsona hain trantze sakonera ekartzea posible ez bada, ikasteko abiadura hipnotizatzaileak zehaztu beharko du. Hori dela eta, irakasle ere bihurtzen dira eta horretarako behar bezala gaituta ez egotea lortzen dute; adibidez, gaizki irakurri dezakete eta horrela atzerriko hizkuntza bateko hitzak oker ahoskatu . Halako pertsona batekin hizkuntza bat ikasten saiatu den orok daki zein kaltegarria den.

Gainera, ikaskuntzaren eraginkortasuna murrizten da bere erritmoa ikaslea ez den beste batek ezartzen badu.

Hipnosiaren pean ikastea ez da mentalki nekagarria, hipnotizatutako pertsonak ez duelako denboraren joan-etorria sentitzen. Hala ere, gorputza gehieneko kargaren azpian dago eta, beraz, ez zenuke gehiegi ikasi behar. Zenbat ordu ikas ditzakezu? Norbanakoaren ongizatearen eta gaitasunen araberakoa da. Hobe da hasieran labur aztertzea eta gero ikasteko denbora handitzea, hipnositik atera ondoren, ikasteko denbora luzeegia dela eta ikaslea nekatuta dagoela jakin arte. Horrela, ikasteko denbora egokiena zehaztu daiteke.

Hipnositik irten baino lehen, hipnotizatzaileak prozesatutako materiala memorizatzeko aginduak eman beharko lituzke .

ADIKZIOEN KONTRAKO BORROKA

Agerpenen kontra, hipnosia maizago erabiltzen dute medikuek etapa hipnotizatzaileek baino. Nahaste psikosomatiko, neurosi, alkohol, droga eta nikotinaren mendekotasuna tratatzeko erabiltzen dute .

Osasuna hobetzen laguntzen duen faktorea iradokizun hipnotikoak eta post-hipnotikoak dira, baita hipnosiaren egoera bera ere, askotan lasaigarria baita berez.

Hori dela eta, trantze hipnotikoa bakarrik iradokizunik gabe erabili ohi da, oso denbora luzean (hainbat orduz) eta askotan "lo hipnotikoa" deitzen zaio.

Mendebaldeko klinika askotan, hipnosia alkoholismoa eta erretzea tratatzen laguntzeko tekniketako bat da. Bereziki azpimarratu du "laguntza" hitza , borondatea indartzeko eta alkoholarekin edo zigarroekin lotutako erreflexu negatibo hipnotiko posthipnotikoak erabiliz garatzeko erabili dutelako , eta ez funtsezko tratamendu gisa. Gogoratu behar du hipnosia soilik erabili nahi duen edonork. Zac zac ohitu zaitez (batez ere norbait medikuarengana jotzeko beldurra duenean), baina nahikoa ez dela ematen badu, eskatu profesionalen laguntza.

ALKOHOLISMOA.

Alkoholismoa gaixotzat jotzen da. Tratamendua medikuen gainbegirapenarekin egin behar da, lehenik eta behin gorputzaren desintoxikazioa egin behar delako. Eman dezagun, hala ere, norbaitek oraindik ez duela bere burua mendekotzat eta bere edatea murriztu nahi duela.

Ohitzeko orduan, merezi du maitearen laguntza erabiltzea saioen eraginkortasuna handitzeko . Eta ez da trantzen sakontasuna, gorputza "programatzeko" aukeraz baizik. Hobe da nazka sentimendua "programatzea" zigarroa ahoan sartuz, adibidez, agindu soilekin baino.

Mendekotasunera ohitzen hasten gara hipnosian sartuz. Bakarrik bagaude, grabagailu bat prestatuko dugu zinta batean grabatutako komando egokiekin. Norbaitek laguntzen badigu, pertsona horri aginduen zerrenda pasatzen diogu. Jarraian haien edukia aurkeztuko dut. Berriro ere, ez da beharrezkoa hipnosia sakoneko egoeran sartzea emaitza onak lortzeko. Trantze hipnotikoa eragin ondoren, utzi hipnotizatutako pertsonari denbora pixka bat lasaitzen eta egoera horretan hainbat minutuz egon dadin. Orduan bakarrik hasiko gara alkoholari "alergia" eragitea helburu duten iradokizunak egiten

Amoniakoz hornituta, adibidez, sudurraren azpian jar dezakegu ur edalontzi bat alkohol pixka batekin eta vodka dela iradokiz. Modu honetan, alkohol usainaren aurrean erreakzio nazkagarria garatuko dugu . Gure hurrengo helburua alkohola edan ondoren botaka eragitea da. Helburu zorrotza da eta salbuespenezko kasuetan bakarrik erabiltzen da, hau da, mendekotasunaren kasuan, eta ez horren gehiegikeriaren kasuan.

Menpekotasunaren aurkako borrokan, ez dugu ahaztu behar hipnotizatuen borondatea eta autodiziplina areagotzen duten iradokizunak eskaintzea:

"Ez duzu vodka edateko gogorik izango" etab.

Hipnotikoen osteko iradokizun maltzurrak ere erabil daitezke, adibidez, alkohola edateko aukerarik izanez gero edo lankideek vodka edatera gonbidatuko balute, beharrezkoa da hipnotizatutakoaren ondorengo iradokizunean agindu beharra dagoela hipnotizatutako pertsonak etxera itzultzeko derrigortasun neurrigabea izan behar duela beste zerbait bezala sentitzeko edo azken baliabide gisa, gaizki sentitzeko. sentitu zuen. Hipnotizazioaren ondorengo iradokizunek oso modu eraginkorrean ezabatu ditzakete edateko aukerak.

Erretzea.

Zigarroak erretzea ohiko ohitura da, hipnosiak arrakastaz gainditu dezakeena. Jakina, merezi du nikotina edukia duen txikle berezi bat mastekatzea gorputzean nikotina gosea murrizteko , baina arazo nagusia, oso zaila da mendekotasun horretan gainditzea, erretzearen estaldura osoa da. Erretzeari uzten dion jendeak ez daki zer egin ahoarekin eta eskuekin. Aurpegiko adierazpenen eta keinuen mapa berria sortu behar dute. Adimen aldetik seguru mantenduko dituen zigarretarako lekurik ez duen mapa .

Hori dela eta, zigarroen aurkako borrokan lehen urratsa haiekin lotutako erreflexu tipikoen zerrenda sortzea da. Ideia ona da ispilu baten aurrean esertzea eta, hainbat egoera tipiko, estres eta dibertigarri imajinatzea (edo gogoratzea), zure portaera arretaz behatzea. Zigarroa pantaila dela agerikoa den egoerak zerrendan sartu beharko lirateke. Erretzaile ez direnek antzeko egoeretan nola jokatzen duten behatu dezakezu eta hipnosiaren garaian erregistratu daitezkeen keinuak maileguan hartu. Horrez gain, hipnosiaren helburua zigarroekiko aversioa betikotzea da. Emaitza onenak tabako kearen usainarekiko aversioa iraunaraziz lortzen dira. Itxurak gorabehera , gizakiak usaimen zorrotza du . Norbaitek usain "zaharkitua" baldin badu, ziur denak urrun botako dituela. Era berean, zigarro kearen usaina norbaitentzat desatsegina bada, zigarroak saihestuko ditu.

Prozedura hau da:

Trantze hipnotikoa eragin ondoren, jarri zigarro piztua hipnotizatutakoaren ahotan eta jarri amoniakoarekin bide bat sudurraren azpian. Modu honetan, nazkaren erreflexua garatzen saiatzen gara nikotina usainarekin.

Terapia onartzen dugu zigarroen irrika beste irrikaz aldatzeko iradokizunekin , adibidez, txiklea edo fruta.

Gehiegizko jatea.

Egoera horrek ziur aski mundu honetako pertsona guztiei eragiten die. Batzuek (zorionekoak!) Ez dituzte haren ondorioak sentitzen, gutxienez gizentasuna bezain ikusgarriak direnak, baina badaude itxura eta osasunarekin ordaintzen dutenak ere .

Kasu honetan, hipnosia nahiko eraginkorra da, nahikoa delako zure jateko ohiturak aldatzea emaitza bikainak lortzeko eta behin betiko jatea ahaztea binge jateko aldien eta ondorengo baraualdien dieta mirariekin batera.

Ohitura aldaketa gaur egungo dietaren desabantaila nagusiak biltzen dituen zerrenda bat eginez hasten gara, adibidez, txokolate gehiegi, gozokiak, etab. Edo dieta gantzatsuegia (gazta horia, haragi gantzatsua). Modu honetan, hipnosiaren garaian zein elikagai estigmatizatu behar diren zehazten dugu .

Gogoratu behar da ez ditugula janariak estigmatizatzen (horrek anorexia sor dezake), baizik eta bere osagai indibidualak baizik. Oro har, ez gara kontsumitutako janari kopurua murrizten saiatzen, baizik eta osaera osasuntsuagoa eta kaloria gutxikoa izateko bere osaera aldatu nahi dugu.

Jaten duzun janari kopurua murriztu dezakezu bizimodua aldatuta. Norbaitek bizimodu aktiboa eta lanpetua baldin badu, ez du jateko denborarik izango. Txandaka norbait egun osoan telebista, liburu eta abarren aurrean eserita badago , normalean bide batez jaten du. Garrantzitsua da berdeetatik zerbait jatea, eta ez kaloria handiko platerak.

Hori dela eta, hipnosian, barazkiak eta frutak jatera bultzatzen zaituzten proposamenak egiten ditugu.

Y trikimailu hau erabil daiteke :

Hipnotizatutako pertsonari usain atsegina duen janaria ematen diogunean, ustez gose sentimendua sorrarazten duena, frutak eta barazkiak baino ez ditugu zerbitzatzen. Janari mota honetarako iradokizunak ere eskaintzen ditugu.

Ikuspegiak eta aholkuak

Hipnosia ikasten hastapenetan, hipnotizatzaileak bere "ospea" kaltetzen duten eta ondorio handiagoak izan ditzaketen akats ugari izaten ditu. Hori dela eta, nire aholkuak, oharrak eta oharrak baliagarriak izan daitezkeela uste dut.

1. Gizona bazara, onena ez da inoiz neska bakarka hipnotizatzea. Berak sexu abusuengatik salatua izateko arriskua duzu. Horren okerrena da benetan sinetsi dezakeela gertatu zela. Mozes- ek bere sinpatia edo adiskidetasuna galtzen du, antzeko zerbait baduzu.

2. Hipnosian zehar, ez eman hipnotizatutako pertsonari behin betiko indisposizioa sor dezaketen agindurik, adibidez "Ez duzu goserik izango, ez duzu goserik izango".

3. Gogoratu komando batzuek aurreikusitakoaren aurkako erreakzioa eragin dezaketela , adibidez, ezin duzu esan: "Ez duzu zure eskua sentitzen, ez duzu minik sentitzen ...", kontrako erreakzioa sor dezake eta min organikoa edo eskua erabatekoa izan daitekeelako. Minarekiko sentikortasunik gabe egon nahi badugu , "... orain ez zaituztet sentituko sentitzen zaitut momentu batean sentituko ez zarenean desatsegina sentituko ..." bezalako iradokizunak erabiltzen ditugu.

4. Ez zaitez inoiz konbentzitu hipnotizatutakoari degradatzen duten aginduak ematera, adibidez mahai azpian zaunka egitera, biluztera eta abar, edo bere bizitzatik sekretuak edo xehetasun intimoak ateratzeko.

Horrelako zerbait eginez gero, beste lankideen errespetua galduko duzu. Horretarako konbentzitu zaituztenak ere bai.

5. Ez erabili hipnotizatzeko teknika eszenikoa denbora gutxian (pertsona bakar batengan). Neurosi bat "eman" diezaiokezu horrela.

6. Hipnotizatzeko gogorik ez duzula sentitzen baduzu, ez hasi saioa norbaitek gogor tematzen badu ere.

7. Askotan hipnotizatzaileek hipnotizatutako pertsona leloa baldintzatzen dute (hipnotizazioaren ondorengo iradokizunaren bidez baldintzatzen dute), geroago trantzean sartzea errazagoa izan dadin. Hori ere egin dezakezu, gogoratu besterik ez - lelo honek hain ohikoa ez denez, ezin du bizitzako ohiko egoeretan agertu.

8. Ez zaitez inoiz arduratu zure aginduek barre egiten dizutelako. Pixka bat igarota, denek barre egiteko gogoa desagertzen da.

9. Festa batean hipnotizatu nahi baduzu eta ezin baduzu inolako teknika dinamikorik erabili, edo horrelako teknikarako egokia den pertsonarik ez badago , joan beste gela batera eta hipnotizatu ezazu zuk aukeratutako pertsona beste teknika batekin. Horren ondoren, gonbidatu gainerako alderdiak jotzen jarraitzera.

10. Pertsona bat hipnotizatzen baduzu, demagun superstizio handikoa, gizakiaz gaindiko boterea duen pertsona dela esan dezakezu , baina ez duzu erabilgarri ez dagoen pertsona bat bezala. Beti izan jator eta jator.

11. Ez erakutsi inoiz hipnotizatuen beldurrik. Izan beti konfiantza. Hipnotizatuaren kontrola galtzen baduzu, ez erakutsi zeure buruari.

12. Gogoratu hipnotizatuaren kontrola galtzen baduzu trantzetik berehala atera behar duzula, ohiko metodoa erabil dezakezu edo agindu absurduak

emanez. Huts egiten baduzu eta hipnotizatutako pertsonak traba egiten ez badio, utzi bakean eta utzi lotan.

13. Aukeratutako pertsona bat hipnotizatzen ez baduzu, ez kezkatu. Aukeratu beste bat edo saiatu beste behin. Ariketa fisikoa ezin hobea da. Hipnotizatuta ere.

14. Askotan, hipnotizatuta dauden pertsonek, trantzetik atera ondoren, ukatzen dute trantze hipnotikoan zeudela. Faltsutzen ari direla diote. Horrela, hipnotizatzailearen aldartea eta sinesgarritasuna hondatzen dituzte. Hipnotizatutako pertsonari hipnotiaren osteko iradokizun eraginkorrak ematen bazaizkio, hipnosiaren eraginkortasunik ezaren inguruko ziurtasunak penagarriak izango dira . Beraz, beti merezi du hipnosiaren garaian gutxienez iradokizun hori aurkeztea.

15. Ez utzi inoiz elkarrizketatik. Hau da hasiberri, ezjakin edo konfiantza handiko hipnotizatzaileen akatsik ohikoena. Sarrerako elkarrizketa labur batek ere hipnotizatutako pertsonari buruz asko esango dizu eta trantzea eragitea erraztu.

16. Gorde koaderno bat, zure garaipen, porrot eta ohar guztiak idazteko. Horrela, etengabe garatuko zara. Hipnosia pixka bat uzten baduzu ere, urte asko igaro eta gero gogoratu ahal izango duzu .

www.ingramcontent.com/pod-product-compliance
Lightning Source LLC
Chambersburg PA
CBHW071240240726
48654CB00009B/1136